それ日本と逆!?

文化のちがい 習慣のちがい

第2期

② ペラペラ ことばとものの名前

監修　国立民族学博物館長　須藤健一

クロエ
白くてふわふわな毛並(けな)みが自慢(じまん)のペルシャ猫。ふだんは物腰(ものごし)やわらかだが、ことばづかいにはちょっとうるさい。

この巻(かん)では、日本と世界のことばや表現(ひょうげん)のちがいについて見ていくわよ。

そこの君、犬の鳴き声はどう表現するかな？そう、「ワンワン」だよね。でも、世界ではちがうんだよ。

墨之助(すみのすけ)
書道の専門家(せんもんか)。字を書くことが大好きで、寝るときも筆を手放さない。書道のすばらしさを世界中に伝(つた)えたいと思っている。

Gakken

もくじ

2 ペラペラ ことばとものの名前

インドネシアの場合
犬の鳴き声は「ワンワン」じゃないの? 4
犬の鳴き声のちがい

中国の場合
同じ漢字でも意味がちがうことがある? 8
漢字の意味のちがい

リベリアの場合
虹の色は国によってちがうの? 12
色のとらえ方のちがい

実は日本語!? 外国語!? ことばとことばの意外なつながり 16

アメリカの場合
親子で同じ名前のことがある? 18
名前のつけ方のちがい

アメリカの場合
「ゴマをする」は日本でしか通じない? 22
ものにたとえた表現のちがい

ロシアの場合
ことばを男性と女性に分ける国があるの? 26
ことばに性別があるかないかのちがい

ことばいらずのコミュニケーション! 世界の国々の「しぐさ」 30

イギリスの場合
日付の書き方は国によってちがう? 32
年月日の表記のちがい

アメリカの場合
日本のことわざには、外国では通じないものもある? 36
ことわざの習慣のちがい

● ことばはどのようにして生まれたの? 40
● 世界のことばの現状 42
この本で紹介した国と地域 44

［インドネシア　インド　パプアニューギニア　ベトナム　ミャンマー　ギリシャ
ロシア　ガーナ　スーダン　南アフリカ共和国　リベリア　ハワイ（アメリカ合衆国）］

この本の特長とルール

この本の特長

1. 必ずしもその習慣がその国全体で行われているのではなく、特定の地域や社会でのみ行われている場合も、その国の国旗と国名を記載しています。
2. ある地域や民族に顕著な文化や習慣の場合、国名のあとに、（ ）で地域名や民族名を併記しています。
3. ある文化や習慣が複数の国や地域にみられる場合、その代表となる国名を挙げた項目があります。
4. ある文化や習慣が、3以上に広範囲にみられる場合、「イスラム社会」など特定の文化圏の名称や、「世界」として示した項目があります。
5. 国名は、通称を用いています。

この本のルール

1. 各テーマの最初の見開きでは、左ページに日本の事例を、右ページに外国の事例を紹介し、文化のちがいを対比しています。
2. 次の見開きの まとめ で、その文化のちがいを生む考え方、原因や背景をまとめています。また、 いろいろな 国 の○○ では、関連するテーマについてのいろいろな国の事例を紹介しています。
3. 文化 あれこれ では、そのテーマに関連するおもしろい話題やことばを 豆知識 ことば として紹介しています。
4. 44ページ この本で紹介した国と地域 では、それまでのページで国旗をつけて文化の事例を紹介した国について、地図や、気温・降水量のグラフをまじえて説明しています。
1～5巻のうち複数の巻で紹介している国については、ほかの巻で説明しているものもあります。それぞれの国が何巻で説明されているかは、47ページに一覧があります。

この本を読むみなさんへ

現在、約6000もの固有のことばを話す民族が地球上に暮らしています。私たちの祖先である現生人類は、数万年前に「ことば」を発明し、世界各地に移り住んだといわれます。この大移動は、学習と記憶とコミュニケーションを可能にした言語能力の進化のおかげです。人類は家族や集団をつくり、ものに名前をつけ、意思を通じ合い、親から子へと知識や技術を伝え、歴史を語り継ぐことによって生きのびてきました。しかし、千年以上も時間がたつと、ことばは別のものになります。

第2巻では、民族や人々の表現法、名づけ、文字やことわざなど、いろいろなことばの使い方について考えてみましょう。

監修　国立民族学博物館長
須藤健一

犬の鳴き声のちがい
インドネシアの場合

犬の鳴き声は「ワ

近所に引っ越してきたインドネシア人の赤ちゃんが、う

日本では、犬の鳴き声を「ワンワン」と表しますが…

 ## 鳴き声は動物そのものも表す

　日本では、犬の鳴き声を「ワンワン」と表します。実際に、多くの日本人の耳にはそのように聞こえるでしょう。また「ワンワン」は、赤ちゃんがいち早く覚えることばの一つでもあります。この場合は鳴き声ではなく、犬そのものをさします。つまり、動物とその鳴き声は強く結びついているのです。ほかにも、ネコは「ニャーニャー」、ニワトリは「コケコッコー」、ブタは「ブーブー」、馬は「ヒヒーン」というように、動物の鳴き声にはほぼ決まった言い方があります。

日本人にとって犬は身近な存在だな。

ンワン」じゃないの？

ちの犬が鳴くのを聞いて「ゴンゴン」て言ったんだ。何でだろう？

インドネシアでは、犬の鳴き声を「ゴンゴン」と表します。

国によって鳴き声の聞こえ方がちがう？

　インドネシアでは犬の鳴き声を「ゴンゴン」と表します。インドネシアの人々（ひとびと）には、そのように聞こえているのでしょう。動物の鳴き声の表し方が国によってちがう理由は、発音しやすい音、発音しにくい音が言語によってちがうため、その国のことばで発音しやすい音で動物の鳴き声を表すからです。また、宗教（しゅうきょう）によって、ある動物を大切にしたり、きらったりすることがあり、その考え方が鳴き声に表れることもあるようです。たとえばトルコでは、宗教の教えでブタを食べないため、ブタの鳴き声は存在（そんざい）しないそうです。

国が変（か）われば鳴き声も変わる

　犬の鳴き声は国によってさまざまです。
- アメリカでは　「バウワウ」
- フランスでは　「ウワウワ」
- ロシアでは「ガフガフ」
- オランダでは「ワフワフ」
- ルーマニアでは「ハムハム」

まとめ　どうしてちがうの？

同じ動物でも国によって鳴き声の表し方がちがう理由には、次のような背景があります。

1 生活や文化によるそれぞれの動物に対する接し方のちがいが、鳴き声の表現にも表れている。

2 発音しやすい音、しにくい音が言語ごとにちがうため、その国のことばで発音しやすい音で鳴き声を表現することが多い。

3 宗教によって、ある動物を大切にしたり、きらったりすることがあり、その考え方が鳴き声に反映されることもある。

いろいろな国の動物の鳴き声

🇺🇸 アメリカ

ニワトリの鳴き方が複雑？

アメリカでは、ニワトリの鳴き声は「コッカドゥードゥルドゥー」と表されます。ほかの動物では、牛は「ムームー」、ライオンは「ローァ」、サルは「ヤックヤック」、ブタは「オインク」、ハトは「クー」、ふくろうは「フートフート」などと表現されます。日本人が聞くとちょっと不思議な鳴き声も多いですが、ネコの鳴き声は「ミャオゥミャオゥ」で、日本に近いといえます。

🇫🇷 フランス

ネコの「のど声」はロンロン

フランスでは、ネコの鳴き声は「ミャーウ」、ニワトリは「ココリコ」、馬は「ヒィー」、牛は「ムー」と表現します。また、日本ではネコがのどを鳴らす音を「ゴロゴロ」と表しますが、フランスでは「ロンロン」と表現します。鳴き声だけでなく、のどを鳴らす音にもちがいがあっておもしろいですね。

🇨🇳 中国

動物の鳴き声は漢字で書く⁉

中国では、ネコの鳴き声は「ミャーオミャーオ」、羊は「ミエミエ」、ブタは「フールーフールー」、オオカミは「ハオー」と表されます。また、中国語はすべてのことばを漢字で書くため、動物の鳴き声ももちろん漢字で書きます。動物の鳴き声を表す漢字のほとんどは「口へん」です。たとえば羊の鳴き声「ミエミエ」は、漢字では「咩咩」と書きます。

> 国がちがっても、ネコの鳴き声は似ているのね。

 ロシア

「ビビビ」と鳴くのはどの動物？

ロシアでネコの鳴き声は「ミャウミャウ」、馬は「イゴゴ」、ブタは「フリュフリュ」と表します。また、羊とヤギは同じ鳴き声で「ベー」、カエルは「クワクワ」と表現されます。ちなみに、日本では「チューチュー」と表されるネズミは、ロシアではなんと「ビビビ」という鳴き声に聞こえるそうです。

羊とヤギの鳴き声は、同じ国とちがう国があるんだね。

 日本

昔の犬は「ビヨ」と鳴いていた！？

昔の日本では、犬の鳴き声は「ワンワン」ではありませんでした。約1000年前の平安時代に書かれた『大鏡』という歴史書では、犬の鳴き声が「ひよ」と表現されています。そのころはまだ濁点（にごった音を表す記号）をつける習慣がなかったので、実際には「びよ」と発音されていたと考えられています。

さらに、江戸時代に書かれた本にも、「ビヨ」という鳴き声があるので、犬の鳴き声が「ワンワン」になったのは、江戸時代の終わりごろから明治時代にかけてのことだと考えられています。

 日本

日本語には「オノマトペ」がいっぱい

「風がビュービューとふく」「コートがブカブカだ」など、日本語には何かのようすや状態を表すことばがたくさんあります。これらをまとめて「オノマトペ」といいます。

日本語は、世界でもずばぬけてオノマトペが多い言語といわれています。たとえば、雨が降るようすだけでも「ザーザー」「ピチャピチャ」「しとしと」「パラパラ」などいろいろな表し方があります。日本人なら何の音かすぐわかりますが、オノマトペが少ない外国の人には、わからないことが多いようです。

漢字の意味のちがい 中国の場合

同じ漢字でも意

お父さんが中国に旅行に行った時、家族に「手紙」を書

日本で「手紙」といえば、用事や気持ちなどを伝えるものですが…

 「手で紙に文字を書く」、だから「手紙」

　日本では、「手紙」は、紙に用事や気持ちなどを書いて他人に送るもののことです。1000年ほど前の平安時代に質の良い紙がつくられるようになり、貴族たちはその紙に手で文字を書いて、遠くにいる人などに送っていました。平安の都には、手紙を運ぶ仕事をする「文使い」たちが行き交っていたようです。

　この「文使い」の名前にもあるように、そのころは、手紙のことを「文」や「消息」といいましたが、江戸時代のころから「手紙」というようになりました。それ以前は「手紙」といえば、「つねに手元においておいて使う紙」という意味でした。

ひらがなやカタカナも、漢字が元になっているぞ。

味がちがうことがある❓

きたいと紙とペンで伝えたら、不思議な顔をされたんだって。

中国では、「手紙」は
トイレットペーパーのことです。

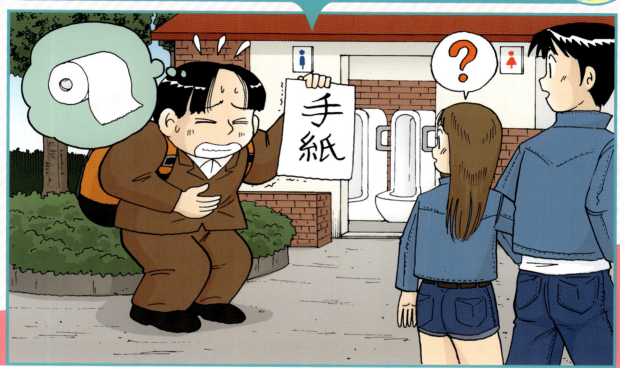

 ## 手に持って使う紙、だからトイレットペーパー!?

　同じ「手紙」という漢字でも、日本とちがって中国では「手紙」というとトイレットペーパーの意味になります。中国でも、もともとは「つねに手元において使う紙」という意味だったのが、しだいに変化したそうです。大昔の中国ではうらないによって大切なことを決めており、漢字はそれを書き記すためのものでした。砂浜を歩いた鳥の足あとを見れば、何の鳥かわかることから、物事を表す印として漢字を思いついたといわれています。

ほかにも！　日本と中国で意味がちがう漢字

　日本と中国とで意味のちがう漢字は、ほかにもたくさんあります。たとえば「丈夫」といえば、日本では「体や物がしっかりしていること」ですが、中国では「夫」のことをさします。さらに「大丈夫」になると中国では「堂々として強い男」になります。「丈夫」も「大丈夫」も、特に男性のことを表すことばなのです。また、中国で「汽車」といえば、電車や機関車ではなく自動車のことです。

まとめ どうしてちがうの？

同じ漢字なのに、日本と中国とで意味がちがうのは、次のような背景によるようです。

1. 漢字が生まれた国である、中国でつくられたことばには、中国の生活や文化が反映されている。
2. 日本には5世紀ごろに漢字が広まったが、日本人は漢字一文字一文字の意味を考え、生活や文化に合わせて日本独自のことばをつくった。
3. 日本と中国は、文化や生活様式がちがうため、同じ漢字でも別の意味でとらえたり、表したりするようになった。

いろいろな国の漢字にまつわる話

ベトナム

アルファベットに追い出された漢字？

中国と接しているベトナムでは、17世紀ごろから漢字が使われるようになりました。ところが、19世紀後半にベトナムはフランスの植民地となり、クオック・グー（ベトナムのアルファベット）が広まったことで、漢字ばなれが起こったため今では、以前ほどには漢字は使われていません。

ベトナムの古い寺などには、今でも漢字が残っている。

シンガポール

オリジナルの漢字がある

シンガポールには、中国人がたくさん住んでいます。そのために漢字がさかんに使われ、学校でも漢字を教えています。中には、シンガポールだけで通じる形に変わった漢字もあります。中国に住む中国人や日本人にも読めないオリジナルの漢字です。

シンガポール	日本
国坊未	国場来

韓国

「漢字は使わない」と決めた国

韓国では、以前は漢字を使っていました。しかし韓国には、15世紀につくられたハングルという独自の文字があり、「自分の国の文字を使おう」という声が強くなりました。そこで「ハングルだけを使う」という法律ができて、1970年ごろから漢字を使わなくなりました。ただし、今でも住所や名前は漢字で書くことが多く、漢字がまったくなくなったわけではありません。

ハングルの看板が並ぶ韓国の町並み。

> 日本は、ひらがな、カタカナと漢字をいっしょに使うわね。

文化あれこれ

中国など　漢字は世界でもっとも文字数が多い

世界にはたくさんの文字がありますが、その中でもっとも文字の数が多いのが漢字です。中国で発見された『中華字海』という古い辞典には、8万5,000もの漢字がのっていました。今の中国では、簡単な形に変えた漢字が増えたため、20万以上の漢字があるといわれています。ただし、日常的によく使われているのは8,000字ぐらいです。

日本では、たとえば『大漢和辞典』にのっている漢字は約5万字です。しかし、その中で日常的に使われているのは4,000字ぐらいと、限られています。

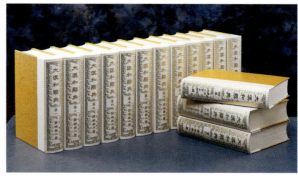

全15巻からなる『大漢和辞典』
画像提供＝大修館書店

ことば　日本　「勉強」ということばには二つ意味がある？

「勉強」といえば、日本ではふつう「何かを学び、学習すること」をさしますが、中国では「無理にやらせる」「いやいや何かをさせる」という意味になります。日本でももともとは、同じように「何かを強いる」という意味で使われていました。

そこから、お店で商品を買うお客さんが、お店の人に「高い、少し安くしてよ」とお願いするときに「少し勉強してよ」という言い方が生まれました。さらに「大変だけど、頑張る」という意味から転じて、学習することを「勉強する」というようになったといわれています。

豆知識　日本　日本でも、漢字がなくなっていたかも？

実は日本でも、江戸時代の終わりから明治時代のはじめにかけて、「漢字を使うことを禁止しよう」という動きがありました。漢字は難しく、学校で教えるには効率が悪いということや、種類が多く複雑なので、書類をつくったり、印刷したりするのに不向きで、日本の発展をさまたげると考えられたためです。

今でも、国際化が進む中で、外国人にとって漢字は難しすぎるので廃止したほうがいいと主張する人もいます。

色のとらえ方のちがい リベリアの場合	# 虹の色は国に

外国の映画を見ていたら、子どもが「虹は２色」って言っ

日本では、虹は7色といわれていますが…

 ## 明治時代から７色になった

　太陽の光は、たくさんの色が集まってできています。虹は、雨上がりなどに空気中にたくさんの水のつぶがただよっているとき、その水のつぶの中で太陽の光がはね返り、いろいろな色に見える現象です。

　日本人にとって、虹は「赤、だいだい、黄、緑、青、藍、紫」の7色といわれます。しかし、実はこれが定着したのは明治時代になってからのことでした。西洋科学によって虹は7色だと考えられるようになり、7つの色の名前をあてはめたと考えられています。江戸時代以前の日本人は、虹が7色だとは思っていなかったようです。

ホースで水をまいたときにも、虹が見えるな。

よってちがうの？

ていたんだ。虹の色は7色じゃないの？

 リベリアでは、虹の色は2色で表します。

 7色として見分ける習慣がない

　アフリカ大陸の西部にリベリアという国があります。リベリアに住むバッサ族の人々は、虹の色を2色ととらえています。バッサ語には、色を表すことばが少なく、バッサの人々は虹を見ても、たくさんの色として見分ける習慣がないようです。ではどのように見分けているのかというと、緑・青・藍・紫をまとめて一つの色としてとらえ、赤・だいだい・黄もまとめて一つの色としてとらえているのだといいます。

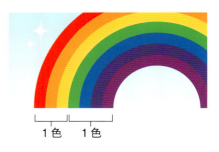

国や民族によってちがう虹の色

　世界で、虹を7色とする国は日本以外に、韓国やオランダがあります。アメリカなどでは「赤・だいだい・黄・緑・青・紫」の6色で、ドイツやフランス、中国などは「赤・黄・緑・青・紫」の5色です。ロシアや東南アジア、そしてアフリカの多くの国々や民族では「赤・黄・緑・黒」の4色としてとらえられています。虹の色の数は、その国の人々の色の見分け方によるものなのです。

まとめ どうしてちがうの？

同じ虹を見ているのに、国や民族によって色の数がちがうのには、次のような理由があるようです。

1 日本のように色を表すことばがたくさんある国の人は、色を見分けるときも、少しの色のちがいで別の色だと受け止める。

2 リベリアのバッサ族の人々は、虹の色を見分けるとき、似たような色はまとめて一つの色だと受け止める。

いろいろな国の色がもつイメージ

🇺🇸 アメリカ

葬儀で黒い服を着なくてもいい？

日本では、葬儀に参列する場合は、黒い服を着るのがふつうです。しかし、アメリカやヨーロッパでは、身内や葬儀の会社の人以外は、真っ黒な服をあまり着ません。紺やこげ茶などの服を着ます。また、日本では葬儀の花は白い菊などが代表的ですが、アメリカでは花の色にも決まりはなく、赤やピンクの花がかざられることもあります。

🇨🇳 中国

赤は「幸せをまねく色」

中国では、お店の内装やインテリアなどに赤がよく使われています。それは中国人にとって、赤が「幸せをまねく色」だからです。祝いごとには、特に赤がよく使われます。結婚式などで祝いのお金を入れるのに使う祝儀袋も、赤色が定番です。

🇮🇳 インド

インドの花嫁衣装は白じゃない？

花嫁衣装といえば、白を連想しますが、インドでは白い衣装を着ている花嫁はあまりいません。インドでは、白は死をイメージする色で、夫をなくした女性が白い服を身につける習慣があります。インドの花嫁が着るのは、多くの場合赤です。赤い色の、サリーという民族衣装や、インド風にアレンジしたドレスで結婚式を行います。

> 日本の伝統的な花嫁衣装は、「白無垢」という白い着物よ。

🇧🇷 ブラジル ✈

ブラジル人の希望は緑

「希望」ということばからイメージする色をたずねると、多くの日本人は黄色や金色などと答えると思います。日本人にとって、未来は明るくかがやくものなので、色で表すなら黄色や金色をイメージするのでしょう。ところがブラジルの多くの人々は、緑色と答えます。ブラジル人にとって、希望や未来の色は緑色のようです。

ブラジルの国旗も緑色だな！

文化あれこれ

豆知識 中国など

虹は不吉だと思われていた？

今では虹が出ると、ほとんどの人は「きれい」と見上げますが、昔の中国や日本では、虹は悪いことが起こる前ぶれと考えられていました。なぜなら、虹は天に住む龍のようなけものと考えられていたからです。昔の人々は虹が出ると、何か不吉なことが起こるのではないかとおそれたといいます。また、「あの世」に通じる橋ともとらえられていたようで、虹が出るとだれかが死んでしまうのではないかとおそれられたといいます。

豆知識 イギリス

虹を7色と決めたニュートン

万有引力を発見したイギリスの学者ニュートンは、ほかにもいろいろな研究をしていました。そのうちの一つが、光の分析です。ニュートンは、白く見える光は、いくつかの色が混じり合っていることをつきとめ、虹を7色と発表しました。その理由は、音楽の音階「レミファソラシド」の7音に合わせたからだといわれています。

ニュートンが発表するまでは、虹の色は広く3色または5色ととらえられていたようです。

実は日本語!? 外国語!?
ことばとことばの意外なつながり

ことばと名前

外国語になった日本語があるなんてビックリ！　もともと外国語だった日本語があるなんてもっとビックリ‼　ことばの世界には、ビックリがたくさん。そんなビックリをのぞきこんでみると、日本語と外国語の特色（とくしょく）が見えてきますよ。

外国語になった日本語

● 日本の食べ物

　和食がユネスコ無形（むけい）文化遺産（いさん）に登録（とうろく）され、世界中で和食がブームです。たとえば「スシ」「トウフ」「ミソ」「オデン」「エダマメ」「サシミ」「テンプラ」「ヤキトリ」は外国でも通（つう）じます。寿司（すし）が好きな外国人が多くなったので、「ショウユ」もそのまま通じることがあります。

● 日本の文化

　「カラオケ」は日本で生まれ、世界に広まったので、世界中で通じます。ほかに、「イケバナ」「ハイク」「オリガミ」「マンガ」「ウキヨエ」「キモノ」「ニンジャ」など、日本独特の文化も、日本語がそのまま使われています。

● 日本人の精神（せいしん）

　「カイゼン（改善）」は、「作業を見直して生産性（せい）を高める」という、日本のものづくりの方法（ほうほう）を伝（つた）えることばとして世界でも注目されています。また、ものを大切にする精神を表す「モッタイナイ」や、人をあたたかくむかえる気持ちを表す「オモテナシ」も、世界中で広く知られています。

日本語になった外国語

● ポルトガル語がたくさん!?

「パン」はもともとポルトガル語です。日本に初めてパンが伝わったのはポルトガルからだったので、「パン」というよび方がそのまま使われるようになりました。安土桃山時代、南蛮貿易をしていたころの日本は、交流のある国がポルトガルやオランダなどに限られていたので、ポルトガル語が語源のことばが数多くあります。「カステラ」「カルタ」「ジョウロ」「ボタン」などもそうです。

● ほかの国々からも

・「イクラ」 →もともと、ロシア語で「魚の卵」をさす。
・「ランドセル」 →オランダ語で、背負うカバンを意味する「ランセル」が変化。
・「ズボン」 →フランス語の「ジュポン」が由来といわれている。江戸時代の終わりごろから明治時代に広まった。
・「アルバイト」 →ドイツ語で「仕事」のこと。日本では、「一時的な仕事」の意味で定着した。

日本語みたい!? な外国語

● イタリアでおなかがすいたら「タベルナ」!?

イタリアでおなかがすいたら、現地の人やガイドさんから「タベルナ」に行くことをすすめられるかもしれません。「食べるな」と聞こえますが、実はイタリア語で大衆食堂を「タベルナ」というのです。

写真提供：JTBフォト

イタリアの大衆食堂「タベルナ」。

● タイでは「きれい」が「きれいじゃない」!?

タイで女性に向かって「きれい！」と言ってはいけません。タイ語で「きれい（キーレー）」は、「きれいではない」という意味だからです。

● フランスでは「サムイ！」ということばに注意！

フランスでは、たとえ寒い日でも、晴れているときには「寒い」とは言わないようにしましょう。「サムイ」はフランス語で「雨が降っている」という意味になるので周りの人が驚きますよ。

● スペインで「おなかすいた」は「小さな家」!?

スペイン語に「ウナカシータ」ということばがあります。「小さい家」という意味ですが、日本語の「おなかすいた」はこの「ウナカシータ」に聞こえることがあるといいます。

● 中国ではやせていても「でぶちん」？

もし中国の人に「でぶちん」と言われても、けっしておこらないでくださいね。「ごめんなさい」という意味の「ドゥイブーチー」が「でぶちん」に聞こえてしまっただけなのですから。

名前のつけ方のちがい
アメリカの場合

親子で同じ名前

アメリカでは、子どもに自分と同じ名前をつけることが

日本では、子どもに親と同じ名前はつけませんが…

 漢字を１文字だけもらうことはよくある

　日本では、親や祖父母の名前から１文字をもらうということがよくあります。これには、祖先に対する尊敬の気持ちや、親をこえる存在になってほしいという願いがこめられています。しかし、日本では子どもに親とまったく同じ字を使った名前をつけることはできません。これは混乱を防ぐためで、特別な事情をのぞき、認められていません。子どもが生まれたら、親は名前を決めて役所に届けますが、親とまったく同じ字を使った名前だと受けつけてもらえません。たとえば、「幸治（こうじ）」というお父さんが子どもの名前を「幸治（ゆきはる）」にすることはできないということです。

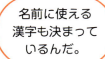
名前に使える漢字も決まっているんだ。

のことがある？

あるんだって。よばれたときにまちがえたりしないのかな？

 アメリカでは、親子で同じ名前ということがあります。

名前は「家」を代表するもの

アメリカやヨーロッパの国々では、父親の名前をそのまま子が受けつぐということがよくあります。そこには「立派な名前を受けつぐことによって、その家を受けついで守る」という考え方があるようです。ヨーロッパなどの昔の王族や貴族の社会では、同じ名前を受けつぐことが当たり前でした。たとえば、フランスのルイ14世という有名な王様は「ルイ」という同じ名前を受けついだ14人目にあたるのです。

ミドルネームが表しているもの

アメリカやヨーロッパでは、名前と姓の間にミドルネームがあるのもとくちょうです。たとえば、ジョン・アンソニー・スミスという名前の場合、「アンソニー」がミドルネームです。ミドルネームの多くは、教会でキリスト教の洗礼を受けたときにつけられた名前（クリスチャンネーム）です。クリスチャンネームを自分の名前に入れることで、信仰心の深さを表しているのです。

まとめ どうしてちがうの？

日本では子どもに親と同じ名前はつけず、アメリカではよく同じ名前をつけるのには、次のような背景があるようです。

1 日本では、混乱しないように、親と子は別の名前をつけることになっている。親から1文字だけもらうことはあっても、すべて同じ漢字にはできない。

2 アメリカの人々は、親から同じ名前を受けつぐことで、「その家も受けついで守る」という思いをこめている。

いろいろな国の名前のつけ方

ミャンマー

1人でたくさんの名前をもつ

ミャンマーでは、ほとんどの人に姓（名字）がありません。世界でもめずらしい、名前だけの国です。ただし、多い人で、1人で五つか六つも名前をもっています。生まれたときに親がつけた正式な名前、家族や近所の人の間でよび合う名前、学校での名前などです。

名前を使い分けるのがふつうなのね。

ギリシャ

ギリシャ神話が名づけ親？

ギリシャは古くから文明が栄えた歴史の長い国で、ギリシャ神話がよく知られています。今でもギリシャ神話にちなんだ名前をもつ人が大勢います。たとえば、「アンティゴニー」「アテナ」「セレネ」などはギリシャ神話の神様の名前です。また、ソクラテスやアリストテレスなど、古代ギリシャの哲学者や科学者と同じ名前の人もめずらしくありません。

アテナです

中国

子ども時代と大人で別の名前

中国では、ほとんどの人が二つの名前をもっています。一つは正式な名前の「大名（ダーミン）」です。もう一つは、子ども時代に使われる「小名（シャオミン）（ニックネームのようなもの）」です。「小名」は子どものころだけ使われるので、「安安」「楽楽」など、同じ漢字を二つ重ねた、よびやすくかわいい名前が多いようです。

蘭蘭（ランラン）　香蘭（シャンラン）

フランス

姓も名前も二つある？

　フランスには姓（名字）が二つある人がいます。父親と母親の、両方の姓をつけているのです。フランスでは、父親の姓、母親の姓、または両方の姓をつなげた姓を選ぶことができます。

　また、姓だけでなく、名前もキリスト教の聖人にちなんだ名前をつなげて、男性なら「ジャン＝ポール」、女性なら「マリー＝クロード」など、二つの名前をもつ人もいます。

文化あれこれ

豆知識 ガーナ

生まれた曜日で名前が決まる

　西アフリカの国ガーナでは、同じ名前の人がたくさんいます。なぜなら、正式な名前とは別に、生まれた曜日にまつわる名前をつける習慣があるからです。たとえば、月曜日に生まれた男の子は「コジョ」、水曜日に生まれた女の子は「エクゥヤ」と名づけられます。かつて国連事務総長はガーナ人のコフィ・アナンという人でした。「コフィ」は金曜日に生まれた男の子につける名前なので、アナンさんは金曜日生まれだったことがわかります。このようにガーナの人々は、「何曜日に生まれたか」をとても大事にしています。

豆知識 中国

人口は世界一なのに姓が少ない

　中国は世界でもっとも人口の多い国で、現在は約14億人もの人が暮らしています。ところが、姓（名字）の種類はあまり多くありません。中国人の姓はほとんどが漢字一文字で表されますが、「李」「王」「張」「劉」「陳」の五つの姓だけで約4億人にのぼります。日本人に多い姓は「佐藤」「鈴木」「高橋」「田中」「渡辺」という順ですが、これらの名字の人の数を全部足しても800万人ほどだといわれています。これと比べると、中国で同じ姓の人がいかに多いかがよくわかりますね。

ものにたとえた表現のちがい　アメリカの場合

「ゴマをする」は

「あいつ、先生にゴマをすってるな」って言ったら、様...

日本では、人にへつらうことを「ゴマをする」といいますが…

おもに目上の人に対してすること

「先生はおしゃれですね！」などと言って相手をいい気持ちにさせて、自分だけ目をかけてもらい、いい思いをしようとすることを「ゴマをする」といいます。会社の上司、商売の相手、先生など、自分よりも目上の人や立場が強い人に対してごきげんをとることを表します。すりばちを使ってゴマをすりつぶすと、細かくなったゴマがいろいろなところにベタベタくっつくことから、相手に対してベタベタするという意味で「ゴマをする」というようになったという説があります。

ゴマをすっているように手を動かしたりするね。

日本でしか通じない？

で聞いていたアメリカ人の友だちがポカンとしてたんだ。

アメリカには同じ意味で「りんごをみがく」ということばがあります

かつて、先生にりんごをおくっていた？

　アメリカでは、かつて、先生に気に入られるために、きれいにみがいたりんごをおくることがありました。そのことから、日本語の「ゴマをする」のように目上の人のごきげんをとることを、「りんごをみがく」といいます。ヨーロッパには「1日1個のりんごで医者いらず」ということわざがあります。それくらい、りんごは体にいいものだという意味です。つまり「みがいたりんご」は相手の健康（けんこう）を気づかうおくりものとして最高（さいこう）なのです。

りんごを使ったことわざはたくさん

　ブルガリアには、「赤いりんごは虫食いりんご」ということわざがあります。見るからにおいしそうな赤いりんごでも、中身は虫に食われていることもあることから、「外見にだまされてはならない」という意味です。また、フィリピンなどに伝わる「赤いりんごと敵（てき）の友情（ゆうじょう）を信（しん）じるな」ということわざも同じように、「見た目、うわべを信じてはならない」という意味です。

まとめ  どうしてちがうの？

同じような意味のことわざでも、日本とアメリカで言い方がちがうのには、次のような背景があるようです。

1 ことわざには、その国の生活や文化になじみの深いものが使われる。衣食住にかかわるものや、身近な動物、自然現象などである。

2 その国のだれにでもわかる身近なものをことわざにすることで、多くの人が、その意味を理解できるからだ。

3 ゴマとすりばちは日本人にとって、りんごはアメリカ人にとって、昔から身近なものだった。

いろいろな国の「ゴマをする」の言い方

🇬🇧 イギリス

何にでも「はい」はごきげんとり

イギリスではごきげんとりをする人のことを、「何でもイエスという人」という意味で「イエスマン」と言います。目上の人の言うことに逆らわず、何でも「はい」と言うことで、相手のごきげんをとっているというニュアンスがあります。

🇫🇷 フランス

「ゴマをする」はくつみがき？

おだてる相手の前にひざまずき、ひれふせば、まるで相手の言いなりになっているように見えます。それが人のくつをみがいているようすに似ていることから、フランスではゴマすりのことを、「くつみがき」と言います。

🇩🇪 ドイツ

自転車に乗って相手をおだてる？

ドイツでは、相手にへつらっている人のことを「自転車に乗る」ということばで表現します。ペダルを一生懸命にこいでいると頭が上下しますが、そのようすがペコペコと頭を下げているように見えることに由来するようです。

見た目のイメージから連想しているのね。

馬の尻をたたいておだてる！

中国ではごきげんをとることを「馬の尻をたたく」と言います。中国の農村部では馬は大切な家畜です。そこで、馬を連れた人に出会ったときは、相手の馬の尻をたたいて「いい馬ですね」と言って相手のごきげんをとるようになりました。そんな習慣から、「馬の尻をたたく」ということばが、「ゴマをする」と同じような意味になりました。

大事にしているものをほめられると、ついうれしくなるな。

 ことば　アメリカなど

りんごを使ったいろいろなことば

英語には、ほかにもりんごを使ったことばがたくさんあります。たとえば「くさったりんご」は、「ある集団の中で、調和を乱すような悪い人」をさします。「りんごの子はやっぱりりんご」は、親子はやっぱり似るものだという意味です。また、フィンランドのことわざ「りんごの実はりんごの木から遠くへは落ちない」は、「子どもは長所も短所も親に似ている。親よりも飛びぬけてすぐれた子は、それほど多くない」という意味です。

 豆知識　アメリカなど

いろいろな状態を表すくだもの

英語には、りんご以外にも、くだものを使った表現がたくさんあります。たとえば「さくらんぼの状態」といえば「完璧に修理されている状態」を表します。また、バナナやレモンには否定的な意味をもつ表現が多く、「バナナになる」といえば「頭がおかしくなる」という意味になります。また、「レモンのようだ」といえば「役立たず、できそこない」という意味になります。

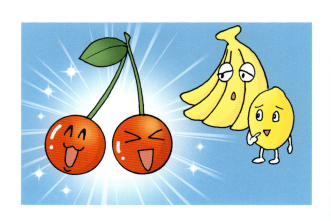

ことばに性別があるかないかのちがい ロシアの場合

ことばを男性と女

ロシアの友だちと話していたら、ロシアのことばには男

日本語には、ことばそれぞれに性別はついていませんが…

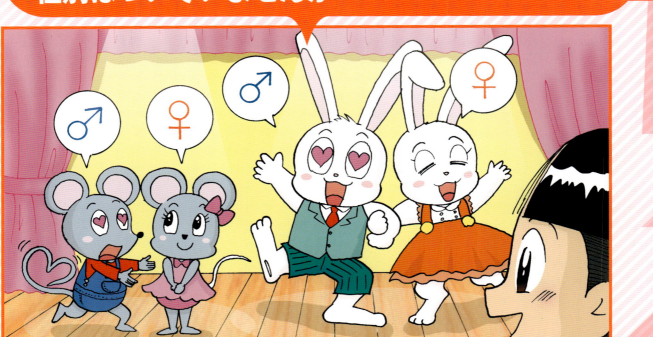

ことばづかいに男らしさ、女らしさはある

　日本語の名詞（人やものの名前を表すことば）には、「男性」「女性」といった性別の区別はありません。ただし、日本語には「男性がおもに使う言い方」「女性がおもに使う言い方」のちがいはあります。たとえばおいしそうな食べもののにおいがしたとき「うまそうだな。」なら、たいてい男性の発話だとわかります。女性なら、「おいしそうね。」のように言うでしょう。話し手が男性か女性かを語尾などを変えて表現してきたのです。これは、世界のことばの中ではめずらしいといえます。

時代によって、ことばづかいは変わるんだね。

性に分ける国があるの❓

男と女の区別があるって言うんだけど、どういう意味なんだろう？

ロシア語には、「男性名詞」と「女性名詞」があります。

名詞そのものが「男性」と「女性」に分けられる

ロシア語では、名詞に「男性」「女性」の区別があります。それぞれ「男性名詞」「女性名詞」といい、ほとんどの名詞はどちらかに分けられます。フランス語やドイツ語など、ヨーロッパの多くの言語に同じようなとくちょうがあります。名詞の性別は、物語のえがき方にも表れます。たとえばロシアの絵本などに登場する動物は、ウサギは男性名詞なので男として、ネズミは女性名詞なので女としてえがかれることが多いようです。

男性らしさ、女性らしさとは無関係

ロシア語の、「机」は男性名詞、「本」は女性名詞です。机も本も、男女ともによく使うものですよね。つまり、「男性的だから男性名詞」、「女性がよく使うものだから女性名詞」にはなりません。男性名詞と女性名詞の区別に決まりはなく、ことばごとに覚えるしかないようです。ロシア以外の国の人にとってはめんどうですが、ロシアの人々にとっては当たり前になっています。

まとめ どうしてちがうの？

言葉には長い歴史があるため、日本語の名詞に性別がなく、ロシア語などの名詞には性別がある理由は、はっきりとはわかっていません。しかし、次のような背景が考えられます。

1. ロシア語、フランス語、スペイン語などの元になったスラブ語やラテン語などの古い言語では、生物を男女で分けるのと同じように、名詞を男女で区別したとされる。

2. その習慣がいろいろな国の言語で定着して、今も続いている。

いろいろな国のことばのとくちょう

🇵🇬 パプアニューギニア ✈

800以上の言語が使われている

一つの国でいくつかの言語が使われていることはめずらしくありませんが、もっとも多くの言語が使われているのはパプアニューギニアです。山が多く、部族どうしの交流があまりさかんではなかったことから、部族ごとの言語が今も生きているのです。そのため、パプアニューギニアの国内だけで、800以上もの言語があるといわれています。

🇺🇸 ハワイ（アメリカ） ✈

ハワイ語には文字がない!?

ハワイはアメリカの州の一つで、ふだんは英語が使われていますが、昔からハワイだけで使われてきたハワイ語もあります。ハワイ語を話せる人の数は年々減少しており、今では1000人以下だといわれています。ハワイ語にはもともと文字がなかったのですが、1800年代からアルファベットで書き表すようになりました。今はハワイ語を大切にする動きが広がっています。

🇸🇩 スーダンなど（アラビア諸国） ✈

右から左に向かって書く

アラビア語は、習うのがもっとも難しいといわれる言語の一つです。ほかのどの言語にも似ていない独特の文字が並び、どこで区切るのかもわかりにくいからです。また、横書きの場合、多くの言語は左から右に向かって書きますが、アラビア語は右から左に向かって書くというとくちょうもあります。

日本語はたて書きのときは、右から左に書くよね。

オーストラリア

名詞をグループ分けする？

オーストラリアには、アボリジニとよばれる先住民がたくさん暮らしています。アボリジニの人々は独自の文化をもっていますが、言葉にも独特な文化があります。アボリジニの人々が使うジルバル語には、名詞の性別と似た、名詞のグループ分けがあります。グループは、男性など、女性など、肉以外の食べもの、その他という四つです。このグループ分けは、地域に伝わる神話にもとづいているといいます。

いろいろなことばの分け方があるのね。

踊るアボリジニの人々

文化あれこれ

豆知識 世界

世界の言語の数は約6,000！

世界には、約6,000もの言語があるといわれています。その中でも、もっとも多くの人が使っているのは中国語です。中国は世界でもっとも人口が多い国なので、中国語を話す人の数も多いのです。その数は、約14億人といわれています。また、英語は世界で約5億3,000万人が、フランス語は約1億3,000万人が使っています。日本語を話す人はほぼ日本人に限られているので、約1億3,000万人で、世界で9番目です。中には、話す人が1,000人以下という言語も1,800ほどあるといわれています。

順位	言語名	人数	使われている国
1位	中国語	約14億人	中国など
2位	英語	約5億3,000万人	アメリカ、イギリスなど
3位	ヒンディー語	約4億9,000万人	インド、フィジーなど
4位	スペイン語	約4億2,000万人	スペイン、アルゼンチンなど
5位	アラビア語	約2億3,000万人	エジプト、サウジアラビアなど

豆知識 ギリシャ

ギリシャ語の単語は500万語！？

世界の言語で、単語の数がもっとも多いのはギリシャ語です。なんと、500万語もあります。英語は50万語といわれているので、その10倍もあることになります。逆に単語数が少ない言語は、南アフリカのフランス領ギニアに存在する言語で、約340語しかないそうです。

単語ではなく、文字数をみると、カンボジア語が74文字からなるアルファベットを使っています。一方、パプアニューギニア領のブーガンビル島というところで使われている言語は、わずか11文字だそうです。

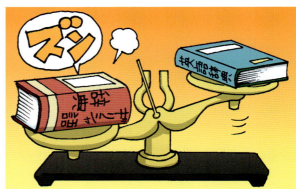

ことばいらずのコミュニ世界の国々

人は、ことばだけでコミュニケーションをとろうとして（ジェスチャー）」によっても、何かを伝えることができは世界共通ではありません。国や地域によってことばが日本人どうしなら伝わる「しぐさ」も、外国の人にはうま

●「おいでおいで」には要注意！

日本では人をよぶときに、手のひらを下に向けて手まねきします。ところが、欧米で同じしぐさをすると「あっちへ行って」という、逆の意味になるのです。欧米で人をよびたいときは、手のひらを上に向けて手まねきするのがふつうです。

● ピースサインに悪い意味がある国も

日本では、写真をとるときに、人さし指と中指でVの字をつくってピースサイン（ブイサイン）をするのが定番です。このピースサインは、アメリカやイギリスでは「平和」や「勝利」などのいい意味を表します。しかし、ギリシャでは「死んでしまえ」というサインなので要注意です。

● 指で輪をつくると相手がおこりだす

日本では「OK」の意味で、人差し指と親指で輪をつくります。しかし、フランスなどでは数字のゼロを表し、相手をバカにする意味があります。また、日本では同じしぐさで「お金」を表すこともありますが、欧米などでは人差し指と親指をこすり合わせて「お金」を表します。

> 知らずに相手をいやな気持ちにさせちゃうかもしれないから気をつけなくちゃ。

ケーション！
の「しぐさ」

いるわけではありません。身ぶりや手ぶりなどの「しぐさ
ます。それぞれの「しぐさ」には意味がありますが、それ
ちがうように、「しぐさ」の意味にもちがいがあるのです。
く伝わらないことがあります。

● 自分の顔を指で さすのは日本だけ？

日本人は自分のことを示すときに、指先で自分の顔をさします。しかし世界では、自分の胸のあたりをさしたり、胸に手を当てる国が多いようです。とくにメキシコなどでは、他人の前で自分のほっぺたを指さすと、相手をバカにしていることになるので、絶対にやらないようにしましょう。

● 親指を立てるしぐさの意味は 「いいね」だけじゃない？

こぶしをつくって親指だけを立てるしぐさは、日本では「そのとおり」「いいね」の意味で使われます。アメリカやヨーロッパでも同じ意味で使われますが、「車に乗せてください」という合図にもなります。
また、ブラジル以外の南米の国や、中東の国などでは、相手をバカにする意味があるので気をつけましょう。

「ノー」のつもりが相手に「イエス」と受け取られることもあるんだな。

「イエス」と「ノー」は国によってさまざま

「イエス」は、ギリシャやトルコ、イタリア南部などでは「あごをそらす」しぐさで、フィリピンでは「片方のまゆ毛をつりあげる」しぐさで表します。さらに、パキスタンやインド、ブルガリア、スリランカなどでは「首を横にふる」、イスラエルやアルバニアでは「首をかしげる」というしぐさで表すのです。日本では首を横にふるしぐさは「ノー」や否定の意味になるので、日本とはまったく逆ですね。
「ノー」は、ギリシャでは「首をうしろにそらす、まゆ毛をつり上げる、目を開く」などで示し、アルバニアやスリランカでは「首をたてにふる」というしぐさをします。

物をさすときにくちびるを使う？

日本では、人さし指をまっすぐにのばして物をさしますが、インドネシアでは親指でさします。また中国では、5本の指をそろえて物をさします。
エクアドルの場合は、指ではなくくちびるを使います。くちびるをとがらせて、物をさすのです。たとえばスーパーマーケットなどで買うものを選ぶときは、くちびるをとがらせてほしいものをさし示すのです。

日付の書き方は

年月日の表記のちがい　イギリスの場合

イギリスの友だちが、今日の日付を「日・月・年」の川

日本では、日付を「年・月・日」の順番で書きますが…

「年・月・日」の順番が世界の標準

　たとえば自分の生年月日を書くとき、日本人は「2007年3月20日」という順番で書きます。「2007. 3. 20」という書き方もします。もともとこの「年・月・日」の順番は、日本など、いくつかの国だけの習慣でした。しかし、国際化のえいきょうで、世界で日付の順番を統一したほうが便利という考えが生まれ、1988年に定められた「国際標準規格ISO」という世界の基準によって「年・月・日」の順番になりました。したがって、世界的には「年・月・日」の順番が一般的になりつつあります。

2016年12月8日付朝日新聞

新聞の日付も、日本では年月日の順だな。

国によってちがう？

番で書いていたんだ。「年・月・日」の順番じゃないの？

イギリスでは、「日・月・年」の順番で書きます。

昔からの表記法が今でも用いられている

　イギリスでは、たとえば2007年3月20日の場合、「20. 3. 2007」のように「日・月・年」の順番で書きます。世界では「年・月・日」の順番が標準とされていますが、イギリスでは昔から使われている「日・月・年」の順番が広く根づいていて、今でもそれが用いられているのです。このような、表記の順番のちがいは、それぞれの国の習慣によって生まれたものなので、どれが正しい、ということはありません。

イギリスの新聞　写真：REX FEATURES/アフロ

なぜ書き方を同じにしたほうがいいの？

　たとえば、多くの食べものには賞味期限が書かれています。外国から輸入する場合、賞味期限の日付の書き方が国によってちがうと、まちがって伝わってしまうおそれがあります。
　また、手紙や書類などは、いつ書かれたのかが重要なことが多いので、どの国でも同じルールで記されていたほうが便利といえます。

まとめ どうしてちがうの❓

日本とイギリスで年月日を書く順番がちがう理由は、はっきりとはわかっていません。古くからの習慣によるようです。

1 日本では「年月日」ということばがあるように、年→月→日という順番に書くのがわかりやすいと考えられてきた。

2 イギリスでは、まず日にちから書き始め、日→月→年の順番で書くのが古くからの習慣として根づいている。

いろいろな国の表記のしかた

アメリカ ✈

「相手の名前」→「住所」の順で書く

アメリカで手紙を書くときには、あて名を「相手の名前」から書き始め、続けて住所を「番地、通りの名前、都市名、州名、郵便番号」の順番に書きます。日本では「郵便番号、都道府県名、都市名、番地」の順に住所を書いてから、「相手の名前」を書くので、アメリカとは逆になりますね。

フランス ✈

住所には必ず通りの名前がある

フランスでは、すべての通りに名前がつけられています。そのため、住所には通りの名前がふくまれていて、「番地、通りの名前、郵便番号、都市名」の順番に書きます。フランスでは、ふだん会話するときも、住んでいる場所を人にたずねられたら、最初に通りの名前を答えるのがふつうです。

インド ✈

数字の点をどこにおく？

100万を「10,00,000」と書いたら、多くの日本人は点の位置がまちがっていると思うでしょう。日本では3ケタずつ区切って点を打つので、「1,000,000」と表記するからです。ところがインドでは、2ケタずつに区切って点を打つ習慣があります（下3ケタは例外）。

タイ

西暦プラス543年？

　年月日を書く順番は国によって異なりますが、年代を西暦で表現するのは、ほとんどの国で共通です。ところが、例外もあります。それがタイです。たとえば2017年は、タイではなんと2560年と表記します。実は、タイでは西暦ではなく「タイの仏暦」が広く使われています。タイでは釈迦が入滅（なくなること）した次の年の紀元前543年を「元年（1年）」とする年号の数え方をしています。そのため、一般的な西暦よりも543年も多い数になります。

文化あれこれ

数字にまつわる話

アメリカなど　えんぎの悪い数字

　日本では、「4」は「死」、「9」は「苦」を連想させることからえんぎの悪い数字とされています。ホテルやマンション、病院などには4や9のつく部屋がないこともあります。同じように、外国にもえんぎが悪いとされる数字があります。特にキリスト教徒の多い国できらわれるのが「13」です。これはイエス＝キリストの最後の晩餐に集まったのが13人だったからなどの理由によります。また、聖書で「666」は悪魔の数字といわれ、やはりえんぎが悪いとされています。

世界　たくさんある!?　「5」の数え方

　日本では、数を数えるときに「正」という漢字を使うことがあります。「正」が一つで「5」を表します。この方法は中国や韓国でも使われています。日本では、江戸時代までは「正」の代わりに「玉」が使われていました。「玉」は「正」と同じ5画なので、「5」を数えることができるからです。世界では、左からたてに4本の線を書き、最後に中央をつらぬく横の線で「5」を数える「タリー」という数え方がよく使われます。ほかには、星を5本の直線で☆のように書いて「5」を数える方法もあります。

ことわざの習慣のちがい　アメリカの場合

日本のことわざには、

アメリカの友だちに、「出る杭は打たれる」ということ

日本では、目立ちすぎないように注意することわざがありますが…

周囲との協調を大切にする日本

　能力のある人が人からにくまれたり、出すぎたふるまいをする人が非難されて制裁を受けたりすることがあります。日本には、このような状況を表す「出る杭は打たれる」ということわざがあります。1本だけ飛び出している杭（土の中に打ちこむ棒）は、周囲とそろえるために上からたたかれます。そのようすを人間にあてはめて、ほかの人よりも目立つようなことをすると、周囲のうらみを買うことがあるので気をつけたほうがいい、という忠告の意味がこめられています。周囲と協調することが大切と考える、日本ならではのことわざです。

自分勝手と思われないようにしないとな。

外国では通じないものもある

わざを教えたら、まったく理解してもらえなかったんだ。

> アメリカには、自己主張が大切ということわざがあります。

自分を主張して目立つほうがいい！

　アメリカには、「きしむ車輪は油をさされる」ということわざがあります。たとえば、自転車の車輪がキーキーと音をたてていれば、油をさして音が出ないようにします。そのように、何か言いたいことがあるのなら、はっきりと口に出して伝えることが重要だということを表すことわざです。日本とは逆に、個人の意見を重んじるアメリカでは、目立ってもいいから、自分を主張することが大切だと考えられています。

ことわざには、その国の考え方が表れる

　ことわざには、その国の国民性や社会のとくちょうが表れるものです。日本人はどちらかというと、1人だけ目立ったり、ほかの人とちがう意見を言ったりすることを好みません。日本人は集団の「和」を大切にするからです。一方、アメリカやヨーロッパでは、個人を大切にする考え方が強いので、自分の意見をはっきりと言うことは、当たり前のことだと思われています。

まとめ どうしてちがうの❓

日本のことわざの中にアメリカで理解されにくいものがあるのには、次のような理由があるようです。

1 ことわざには、その国の人の考え方や、社会のようすなどが反映される。

2 日本では、昔から協調性が大切にされる。

3 アメリカでは、自己主張をすることが大切にされる。

いろいろな国の国民性を表すことば

🇫🇷 フランス

しずかな人も何かを言いたい⁉

フランスには「いつも無言で弱く見える人ほど、気をつけたほうがいい人はいない」ということわざがあります。ふだんは気が弱そうで、何も自己主張をしないように見える人ほど、実は何か言いたいことをかくしているものだ、という意味です。自己主張するのが得意だといわれる、フランス人だからこそのことわざかもしれません。

🇨🇳 中国

がまん強さを表す

「千里の道も一歩から」は、中国生まれのことばです。千里（1里は約4キロメートルなので約4000キロメートル）もの道を行くためには1歩の距離を積み重ねていくしかない、つまり、大きな目標を達成するには小さな積み重ねが大切だという意味です。同じ意味のことばに「忍耐して続ければ、水滴でも石に穴をあけられるし、縄で木を切ることもできる」があります。

🇿🇦 南アフリカ共和国

欠点を気にしない⁉

南アフリカ共和国には「長い鼻をじゃまだと思う象はいない」ということわざがあります。象を見て「あの鼻はじゃまだろうな」と思うのは人間だけで、象にとってみればそれが当たり前なので気にしていません。つまり、他人には欠点に見えても本人は気にしていない、という意味です。

🇩🇪 ドイツ ✈

ドイツ人はうそがきらい？

「一つのうそは10のうそを連れてくる」、これはドイツのことわざです。うそというのは、一つでもついてしまうと、それをごまかすために、また別のうそをついてしまいます。そうやってうそを重ねていくうちに、気がついたときには10のうそにふくれあがっているということです。

日本には、目的のためにはうそも必要という意味の「うそも方便」ということばがあるな。

文化あれこれ

🗨 ことば ドイツなど

「早起きは三文の徳」は外国では？

早起きすれば何かいいことがあって得をする、ということを、日本では「早起きは三文の徳」といいます。これに似たことわざは世界にもあります。ドイツでは、「朝の時間は、口の中に黄金がある」といいます。早起きすれば、口に黄金をくわえるくらい得をする、という意味です。イギリスでは「早起きな鳥は虫をつかまえる」といいます。鳥にとって虫はごちそうなので、早起きすればいいことがあるということを、鳥を使って表しています。

🗨 ことば アラビア諸国など

いろいろな国の「キツネのよめ入り」

日本では、日が照っているのに小雨が降っているようすを「キツネのよめ入り」といいます。同じような天気を、アラビア語では「ネズミの結婚」、イギリスの一部の地方では「サルの誕生日」といいます。また、ロシアでは「きのこの雨」、ドイツでは「4月の雨」、さらにアメリカのテネシー州の一部では「悪魔が奥さんにキスしている」という言い方をします。由来はさまざまですが、国や場所によっていろいろな表現があるのですね。

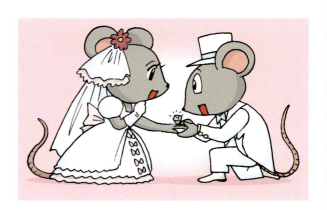

ことばはどのようにして生まれたの？

ことばと名前

人は最初からことばを話していたわけではありません。ことばはどのようにして生まれ、今に伝わってきたのでしょうか？

ことばを使い始めたのはいつ？

人類は百数十万年も昔に火を使うようになり、弓矢などを使って狩りをする生活を始めました。はっきりした年代は分かっていませんが、ことばを使い始めたのもそのころだと考えられています。

おそらく最初は、うれしい、悲しいなどの感情とともに口から声を出したり、また何人かで協力して動物をつかまえるときに動きを合わせるためのかけ声を出したり、あるいは動物の鳴き声、風や雨の音をまねしたりしたのでしょう。それが、長い年月の間に、ことばになったと考えられています。

雨などの自然の音をまねしたのが、ことばの始まりの一つといわれている。

「何かを伝えたい」という願望が基本？

最初は意味のない発声だけだったものが、少しずつことばになっていったのは、人と人との間に「何かを伝えたい」「相手にこうしてほしい」といった気持ちがあったからです。集団で生活するうえでは、意志や気持ちを伝える必要にせまられます。そのために、ことばはとても大きな役割を果たすようになりました。

人類が生まれたのはアフリカ大陸です。したがって、最初のことばが生まれたのも、やはりアフリカ大陸だったのかもしれません。

人類の祖先ともいわれる猿人の化石がみつかったエチオピアのアファール盆地。
© Fredy Thürig-Fotolia.com

人はことばを文字にして残した

ことばを生み出した人類は、次に、そのことばを形にして残したいと考えるようになりました。そして文字が生まれたのです。

人類が初めて文字を記したのは、紀元前4000年〜3000年ごろだといわれています。最初に生まれた文字は、動植物などのものの形を簡単にして記した象形文字とされています。現在知られている最古の象形文字はメソポタミア（西アジア）のシュメール人が残したもので、紀元前3000年ごろのものだといわれています。ほかにも、甲骨文字や線文字など、世界ではいろいろな古代文字が発見されています。

古代エジプトの象形文字。
©学研 写真・資料課

日本語の歴史

やまとことば

　4世紀から5世紀ごろに中国から漢字が伝わったえいきょうから、日本人のことばは変化するようになりました。そのころから飛鳥時代までおもに使われていた日本独自のことばを「やまとことば」といいます。現在使われている日本語には、やまとことばの一部がそのまま残っています。たとえば「みる」「はなす」「うみ」「やま」などがあげられます。ただし、発音は今とは少しちがっていたといわれています。

漢字の伝来

　3世紀ごろから、中国大陸から日本に鉄器や銅鏡など、いろいろな文化や物が入ってきました。その中に漢字もありました。漢字の伝来がいつなのかははっきりしていませんが、『論語』や『千字文』といった書物が持ち込まれ、そこに書かれていた何千もの漢字をもとにして、日本人は文字を書き記すことを始めたといわれています。それまでは話しことばしかなかった日本人にとって、それは大きな変化でした。

飛鳥時代の遺跡の一つ「石舞台古墳」
Ⓒ Tsuboya-Fotolia.com

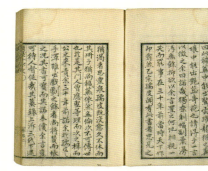

江戸時代に書かれた『漢篆千字文』
画像提供＝国立国会図書館

ひらがな・カタカナの誕生

　平安時代の9世紀ごろ、漢字よりもっと簡単に書ける文字としてひらがなとカタカナが考え出されました。漢字をくずして生まれたのが、ひらがなです。また、漢字の一部分から生まれたのがカタカナです。たとえば、ひらがなの「あ」は「安」から、カタカナの「イ」は「伊」の左側のへんから生まれました。ひらがなやカタカナの発明により、自分の考えや感情などをより自由に書き表せるようになりました。ひらがなやカタカナは、そのころはおもに女性が使いました。

ひらがな			カタカナ		ひらがな			カタカナ	
以	以	い	イ	伊のへん	部	方	へ	ヘ	部の草体
呂	彡	ろ	ロ	呂の略	止	上	と	ト	止の略
波	波	は	ハ		知	ち	ち	チ	
仁	に	に	ニ		利	わ	り	リ	利のつくり
保	保	ほ	ホ	保のつくり下部	奴	ぬ	ぬ	ヌ	奴のつくり

ことばと名前

世界のことばの現状

「ことばは生きている」といわれます。人とことばの関係は、今どうなっているのでしょうか。そして、その未来は？

約7,000のことばがある

現在、世界では約7,000ものことばが話されているといいます。その中で、同じ語源から生まれたことばをまとめて「語族」といいます。同じ語族のことばは、文法が似ているなどのとくちょうがあります。最大の語族は、アフリカ大陸の西端から南側一帯で話される「ニジェール・コンゴ語族」で、ほかにも「アフロ・アジア語族」、「インド・ヨーロッパ語族」などがあります。実は日本語がどこの語族にふくまれるかは、はっきりしません。日本語はほかのことばと異なる部分が多く、その起源がわかっていないのです。

© africa-Fotolia.com

ケニアやタンザニアの多くの人々が使うスワヒリ語は、ニジェール・コンゴ語族の一つ。

外国語にも方言がある

日本語には多くの方言がありますが、外国語にも同じように方言があります。たとえば中国語は、広東、上海、大連など地方によってイントネーションやことばづかいがちがいます。またアメリカにも、地方や州で独特の方言があります。広い国でなくても、ほとんどの国に方言があります。たとえば英語の「can（できる）」は「キャン」と発音することが多いですが、イギリスの地方では「カン」と発音します。これも方言（なまり）です。同じ国の人どうしで話していても、方言だと話が通じにくいというのは、世界のどこででも起こりうることです。

ネコの世界にも方言はあるのかな？

世界で2,500の言語が消滅の危機にある

話す人が少ないことばは、近い将来に消えてしまうかもしれません。現在、世界で約2,500のことばが消滅の危機にあるといわれています。たとえばアフリカや中東、またはアメリカやヨーロッパに古くから暮らす少数民族が話すことばは、それを知っている人がいなくなる可能性があるため、ことばの消滅が心配されています。

実は日本の方言でも、アイヌ語や八重山語、与那国語、八丈語、奄美語、国頭語、沖縄語、宮古語の八つが、そんな消滅の危機にあることばとされ、それを保護しようという取り組みがされています。

沖縄の古いことばのいくつかが、消滅の危機にある。

時代とともに変化する日本語

新しい漢字を作りだした日本人

漢字は中国で生まれましたが、日本人が作った漢字もあります。中国にはない物の名前や考えかたなどを表すためです。たとえば、「たら」という魚を表す漢字がなかったため、雪の季節にとれることから「鱈」という漢字を作りました。このように、日本で作られた漢字を「国字」といいます。国字の中には、逆に中国に伝わって使われているものもあります。中国から伝わった漢字は5万字以上ありますが、国字は約2,600字です。

働（どう）	人が動く
畑（はたけ）	草を焼いてはたけにする
鰯（いわし）	弱い魚
榊（さかき）	神に捧げる木
躾（しつけ）	身を美しくする

代表的な国字とその由来

イメージに合わせて漢字や読みが変化

「一生懸命にがんばる」などの「一生懸命」は、「一所懸命」が変化したことばです。昔、武士が一か所の土地を命がけで守って生活を支えたことから生まれました。のちに「命がけ」という意味から「一生」のほうが合うと考えられたせいか、「一生懸命」と表されるようになり、読み方も「いっしょうけんめい」に変化して定着したといわれています。このように、日本人は時代によってことばを変化させてきました。

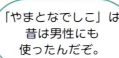
「やまとなでしこ」は昔は男性にも使ったんだぞ。

新しいことばが辞書に加わる

『広辞苑』という代表的な国語の辞書があります。2008年に10年ぶりに改訂されたとき、新しいことばが約1万語も追加されました。このとき追加された「ラブラブ」「ネットサーフィン」「ブログ」などは、日本語として定着していると考えられたのです。

新しいことばが生まれ、人々が日常的に使うようになると、辞書に追加されます。このことは、ことばが生きていて、時代とともに変化している証です。

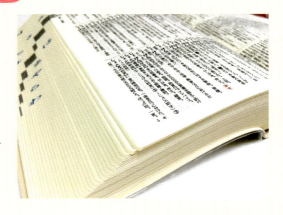

この本で紹介した国と地域

🇮🇩 インドネシア
（紹介ページ：4〜6、31）

正式名称◆インドネシア共和国　面積◆191.1万km²（日本の約5倍）
人口◆2億6058万人（2016年）　首都◆ジャカルタ
おもな言語◆インドネシア語　宗教◆おもにイスラム教

　太平洋の赤道直下にうかぶスマトラ島やジャワ島を中心とする1万3000以上の島々からなる国です。ジャワ人など約300の民族が暮らしています。「地上最後の楽園」とよばれ、世界中から観光客が訪れるバリ島などが有名です。農業がさかんでカカオ、キャッサバ、コーヒー豆などの生産量が多く、ココナッツは世界有数の生産量をほこります。また、石油や天然ガスの産出量も多く、日本は多くを輸入しています。人口は世界第4位で、約90％がイスラム教徒です。

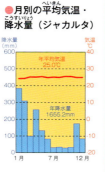

●月別の平均気温・降水量（ジャカルタ）

🇮🇳 インド
（紹介ページ：14、29、31）

正式名称◆インド　面積◆328.7万km²（日本の約9倍）
人口◆13億2680万人（2016年）　首都◆デリー（ニューデリー）
おもな言語◆ヒンディー語など　宗教◆おもにヒンドゥー教

　南アジアに位置し、世界第2位の13億人の人口をかかえる国です。多様な民族が住む多民族国家ですが、大部分がヒンドゥー教徒で、町中ではヒンドゥー教の聖なる動物の牛が自由に歩いています。米・小麦・ジュート・茶・綿花栽培など農業がさかんです。近年はハイテク産業を中心に工業が発達しており、経済が著しく発展していますが、カーストという身分差別の意識が強く残っていることが問題となっています。

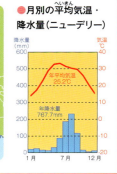

●月別の平均気温・降水量（ニューデリー）

パプアニューギニア
（紹介ページ：28、29）

正式名称◆パプアニューギニア独立国　面積◆46.3万 km²（日本の約1.2倍）　人口◆778万人（2016年）　首都◆ポートモレスビー　おもな言語◆トクピシン語、英語、モトゥ語　宗教◆キリスト教（プロテスタントなど）

太平洋にある国で、面積が世界第2位の島であるニューギニア島の東部と、周辺の島々からなります。原生林が残り、「最後の秘境」ともよばれます。石油や金などの鉱産資源が豊富で、輸出品はこれらの鉱産資源や木材が多くを占めています。農業ではコーヒー豆の栽培や、石けんやマーガリンの原料となるパーム油の生産がさかんです。部族ごとに伝わるシンシンという民族舞踊が有名で、祝いごとや宗教儀式の際などに踊られます。

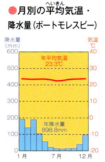
●月別の平均気温・降水量（ポートモレスビー）

ベトナム
（紹介ページ：10）

正式名称◆ベトナム社会主義共和国　面積◆33.1万 km²（日本の約9割）　人口◆9444万人（2016年）　首都◆ハノイ　おもな言語◆ベトナム語　宗教◆仏教、キリスト教など

第二次世界大戦後に南北に分断され、ベトナム戦争をへて1976年に統一された国です。国民の90％近くがキン族とよばれる民族で、そのほかに50あまりの少数民族が住み、その多くが国土の4分の3をしめる山地に暮らしています。アオザイとよばれる女性の民族衣装は、キン族の伝統的な服装です。日本と同様に米を主食とし、箸を使って食べます。フォーとよばれる米でできためんを使った料理は、日本でも人気です。

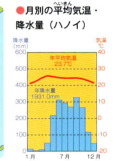
●月別の平均気温・降水量（ハノイ）

ミャンマー
（紹介ページ：20）

正式名称◆ミャンマー連邦共和国　面積◆67.7万 km²（日本の約1.8倍）　人口◆5436万人（2016年）　首都◆ネーピードー　おもな言語◆ミャンマー語（ビルマ語）　宗教◆おもに仏教

1960年代から軍事政権が続いていましたが、近年は民主化が進んでいる国です。かつては「ビルマ」とよばれました。政府機関などが集まる首都ネーピードーは、2003年から建設が進められた新しい都市で、最大の都市は、旧首都である南部のヤンゴンです。2010年には、国旗も新しくなりました。熱心な仏教徒が多い国で、黄金に輝く寺院などが観光客に人気です。農業は稲作が中心です。

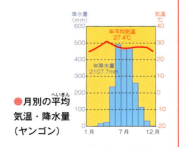
●月別の平均気温・降水量（ヤンゴン）

ギリシャ
（紹介ページ：20、29、31）

正式名称◆ギリシャ共和国　面積◆13.2万 km²（日本の約3分の1）　人口◆1092万人（2016年）　首都◆アテネ　おもな言語◆ギリシャ語　宗教◆キリスト教（ギリシャ正教）

エーゲ海に面した大陸部と多くの島々からなる国です。現在のヨーロッパを形づくった古代の都市国家が栄えた地であり、パルテノン神殿をはじめとする数々の遺跡が残ります。また、オリンピックやマラソン競技の発祥地でもあり、近代オリンピックの第1回大会は、1896年にアテネで開かれました。乾燥した気候を生かしたオリーブの栽培がさかんで、生産量は世界有数です。

●月別の平均気温・降水量（アテネ）

※気温・降水量データは『理科年表』（平成28年版）などを、国勢データは『世界国勢図会』『データブック・オブ・ザ・ワールド』などを参照しました。

ロシア

(紹介ページ：5、7、13、17、26〜28)

正式名称◆ロシア連邦　面積◆1709.8万 km²（日本の約45倍）
人口◆1億4344万人（2016年）　首都◆モスクワ
おもな言語◆ロシア語　宗教◆キリスト教（ロシア正教）、イスラム教など

　ヨーロッパとアジアにまたがる面積が世界最大の国です。国民の多くは首都モスクワなど西部に住んでいます。東部は「シベリア」とよばれ、世界最低気温マイナス71.2度を記録したほど寒い地域ですが、石油や天然ガスが豊富に産出され、ロシアの経済を支えています。1922年からソビエト連邦（ソ連）を構成する国々の中心でしたが、1991年のソ連崩壊により成立しました。

●月別の平均気温・降水量（モスクワ）

ガーナ

(紹介ページ：21)

正式名称◆ガーナ共和国　面積◆23.9万 km²（日本の約3分の2）
人口◆2803万人（2016年）　首都◆アクラ
おもな言語◆英語　宗教◆キリスト教、イスラム教など

　アフリカ大陸の西部にある国で、南はギニア湾に面しています。農業ではチョコレートの原料になるカカオ豆やコーヒー豆などの栽培がさかんで、カカオ豆の生産量・輸出量は世界有数です。工業ではアルミニウムの生産がさかんです。かつて金の交易地として栄えたため、海岸部は「黄金海岸」とよばれました。日本の医学者・細菌学者の野口英世が黄熱病の研究のために訪れ、没した国としても有名です。

●月別の平均気温・降水量（アクラ）

スーダン

(紹介ページ：28)

正式名称◆スーダン共和国　面積◆188.0万 km²（日本の約5倍）
人口◆4118万人（2016年）　首都◆ハルツーム
おもな言語◆アラビア語、英語　宗教◆おもにイスラム教（スンナ派）

　アフリカ大陸の北東部に位置し、紅海に面しています。青ナイル川と白ナイル川が南から流れ、首都のハルツームで合流して北に向かいます。長い間、北部のアラブ系民族と南部のアフリカ系民族の対立が続きましたが、2011年に南部地域が南スーダン共和国として分離・独立しました。産業の中心は農業で、綿花やさとうきびなどが栽培されていますが、経済的には苦しい状況が続いています。

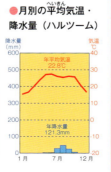
●月別の平均気温・降水量（ハルツーム）

南アフリカ共和国

(紹介ページ：38)

正式名称◆南アフリカ共和国　面積◆122.1万 km²（日本の約3.2倍）
人口◆5498万人（2016年）　首都◆プレトリア　おもな言語◆ズールー語、アフリカーンス語など　宗教◆キリスト教（独立派キリスト教など）

　アフリカ大陸の最も南にある国で、東はインド洋、西は大西洋に面しています。金やダイヤモンド、レアメタル（希少金属）などの鉱産資源にめぐまれ、アフリカーの経済大国となっています。工業では、鉄鋼業や自動車工業などが発達しています。かつては、白人が黒人などを厳しく差別するアパルトヘイトという人種隔離政策がとられていました。この政策は1991年に廃止されましたが、現在も白人と黒人の経済格差などの問題が残っています。

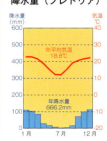
●月別の平均気温・降水量（プレトリア）

リベリア

（紹介ページ：12〜14）

正式名称◆リベリア共和国　面積◆11.1万km²（日本の約3割）
人口◆462万人（2016年）　首都◆モンロビア
おもな言語◆英語　宗教◆おもにキリスト教

　アフリカ大陸西部に位置し、ギニア湾に面する国です。国土の広範囲が熱帯林でおおわれています。アメリカ合衆国で解放された黒人奴隷が移住して、1847年の独立宣言により黒人国家として独立しました。天然ゴムの栽培がさかんで、鉄鉱石やダイヤモンドなどの鉱産資源にもめぐまれています。商船に対する税金が安く、多くの国の船がリベリア船籍として登録しているため、商船の船舶保有トン数は世界有数です。

ハワイ

（紹介ページ：28）

正式名称◆ハワイ州　面積◆2.8万km²（北海道の約3分の1）
人口◆約142万人（2015年）　州都◆ホノルル
おもな言語◆英語、ハワイ語　宗教◆キリスト教など

　アメリカ合衆国を構成する州のひとつで、太平洋にあるハワイ諸島からなります。かつてカメハメハ王朝などが統治していましたが、1898年にアメリカ合衆国の領土となり、1959年には50番目の州になりました。キラウエア山などの火山があり、気候は1年中温暖で、リゾート地として観光業がさかんです。民族舞踊の「フラ」など独自の文化をもちます。また、多くの日系人が暮らしています。

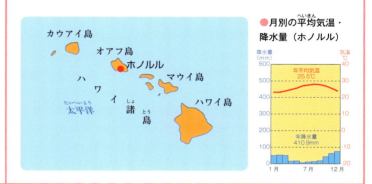

1巻	オマーン、カンボジア、中国、フィリピン、デンマーク、ハンガリー、フィンランド、ラトビア、タンザニア、キューバ、パナマ、ニュージーランド
3巻	イスラエル、モンゴル、アイルランド、イギリス、スイス、スコットランド、ブルガリア、エジプト、カメルーン、ブルキナファソ、ペルー、タヒチ
4巻	シンガポール、タイ、ブルネイ、オーストリア、オランダ、スペイン、ドイツ、フランス、アメリカ合衆国、カナダ、アルゼンチン、オーストラリア
5巻	イラン、韓国、スリランカ、トルクメニスタン、トルコ、イタリア、スウェーデン、ザンビア、マリ、メキシコ、ブラジル、トンガ

他の国々の説明は、左の巻を見てね！

※気温・降水量データは『理科年表』（平成28年版）などを、国勢データは『世界国勢図会』『データブック・オブ・ザ・ワールド』などを参照しました。

監修　須藤　健一（国立民族学博物館長）

装丁・レイアウト
株式会社クラップス（佐藤かおり）

表紙イラスト
いまいずみひろみ

本文イラスト・図版
いまいずみひろみ、駒村美穂子

執筆協力
今村幸介、佐野秀好、野口光伸

編集協力
株式会社美和企画（大塚健太郎）
林 郁子

地図制作（見返し）
城戸智砂子

写真・図版協力
Photolibrary、大修館書店、Fotolia.com、JTBフォト、PIXTA、国立国会図書館、朝日新聞社、Aflo、© 学研 写真・資料課

編集
藤井 彩、中山敏治

おもな参考文献
『漢字を飼い慣らす』人文書館、『日本の漢字　1600年の歴史』ベレ出版、『漢字から見た日本語の歴史』筑摩書房、『研究史　日本語の起源』勉誠出版、『日本語の風景　文字はどのように書かれてきたのか』専修大学出版局、『図説　日本語の歴史』河出書房新社、『ノルウェー語のしくみ』白水社、『短いドイツ語表現1999』実務教育出版、『日本語なのに日本人が知らない英語の本　アメリカ人がいま使っている！』さくら舎、『語学王　ポーランド語』三修社、『フランス語のしくみ』白水社、『フランス語の形成』白水社、『「語」とはなにか　エスキモー語から日本語をみる』三省堂、『イタリア語のしくみ』白水社、『日本語から考える！ポルトガル語の表現』白水社、『ニューエクスプレス スペイン語』白水社、『アラビア語の歴史』国書刊行会、『中国語成語ハンドブック』白水社、『こんなに面白い　似て非なる日中の漢字』文芸社、『シリーズ国際交流6　漢字の潮流』山川出版社、『語学王　トルコ語』三修社、『暮らしの韓国語表現6000』語研、『ロシア語の言語と文化』ナウカ、『ロシア語一日一善』東洋書店、『チェコ語のしくみ』白水社、『ロマンス語概論』大学書林

NDC 380　監修　須藤健一

ペラペラ　ことばとものの名前
（それ日本と逆!?　文化のちがい 習慣のちがい
第2期 全5巻②）

学研プラス　2017　48P　28.6cm
ISBN 978-4-05-501222-5　C8639

それ日本と逆 !?
文化のちがい 習慣のちがい 第2期②

ペラペラ ことばとものの名前

2017年2月24日　　第1刷発行
2024年8月9日　　　第10刷発行

発行人　土屋　徹
編集人　代田雪絵
発行所　株式会社Gakken
　　　　〒141-8416　東京都品川区西五反田2-11-8
印刷所　共同印刷株式会社

この本に関する各種お問い合わせ先
●本の内容については、下記サイトのお問い合わせフォームよりお願いします。
　https://www.corp-gakken.co.jp/contact/
●在庫については　TEL：03-6431-1198（販売部直通）
●不良品（落丁、乱丁）については
　TEL：0570-000577　学研業務センター
　〒354-0045　埼玉県入間郡三芳町上富279-1
●上記以外のお問い合わせは
　TEL：0570-056-710（学研グループ総合案内）

©Gakken
本書の無断転載、複製、複写（コピー）、翻訳を禁じます。
本書を代行業者等の第三者に依頼してスキャンやデジタル化することは、たとえ個人や家庭内の利用であっても、著作権法上、認められておりません。

学研の書籍・雑誌についての新刊情報・詳細情報は、下記をご覧ください。
学研出版サイト　https://hon.gakken.jp/

それ日本と逆!? 文化のちがい 習慣のちがい 第2期 全5巻

- 1巻 ニコニコ 学校生活
- 2巻 ペラペラ ことばとものの名前
- 3巻 ワクワク 音楽と物語
- 4巻 ドキドキ お出かけ・乗り物
- 5巻 ワイワイ 記念日とお祭り

国名・地域名別総索引

- 「それ日本と逆!? 文化のちがい 習慣のちがい 第2期」1～5巻に登場する国名（日本を除く。一部は地域名）の総索引です。
- 数字は、その国名が登場するページ数を表しています。
- 3ページ以上連続で登場する場合は、たとえば4、5、6、7を「4-7」などと表しています。
- 国名（地域名）は、一部を除いて通称を用いています。

アイルランド	3巻	14、28
	5巻	10、12
アメリカ	1巻	4-6、12-14、21-24、33、41-43
	2巻	5、6、13、14、18-20、22-25、29、30、31、34-37、42
	3巻	6、18、19、34-39
	4巻	7、13-18、22-25、27、31、34-38
	5巻	4、7、10-13、17、18
アルゼンチン	2巻	29
	4巻	39
	5巻	35
アルバニア	2巻	31
イギリス	1巻	8-10、19、36、39、42
	2巻	24、29、30、42
	3巻	8-10、12-14、26-29
	4巻	7、11-13、31、39
	5巻	10、12、13、29、

		32-34、38
イスラエル	1巻	42
	2巻	31
	3巻	11
	5巻	12、28
イタリア	1巻	36、39、42
	2巻	17、31
	3巻	39、43
	4巻	7、8-10
	5巻	4-6、12
イラク	1巻	40
	3巻	13
イラン	1巻	38
	3巻	10、21、24、25
	5巻	12、26-28
インド	1巻	20、38
	2巻	14、29、31
	3巻	11、22-25、28、29、32
	4巻	13、26、34
	5巻	12、13、20、28、32、35、42、43

インドネシア	1巻	15、36
	2巻	4-6、31
	4巻	40
	5巻	11、12、25
ウクライナ	5巻	12
エクアドル	2巻	31
エジプト	1巻	40
	2巻	29、40
	3巻	24、25
	4巻	16
	5巻	12
エチオピア	1巻	20
オーストラリア	1巻	6、25、38、39
	2巻	29
	3巻	6
	4巻	7、20、32-34、40
	5巻	6
オーストリア	3巻	20
	4巻	21、13
オマーン	1巻	11
オランダ	2巻	5、13、17
	4巻	10、20